LA
CAMPAGNE ÉLECTORALE
DE 1869

PAR

E. MASSERAS

Ancien rédacteur en chef du *Courrier des Etats-Unis*

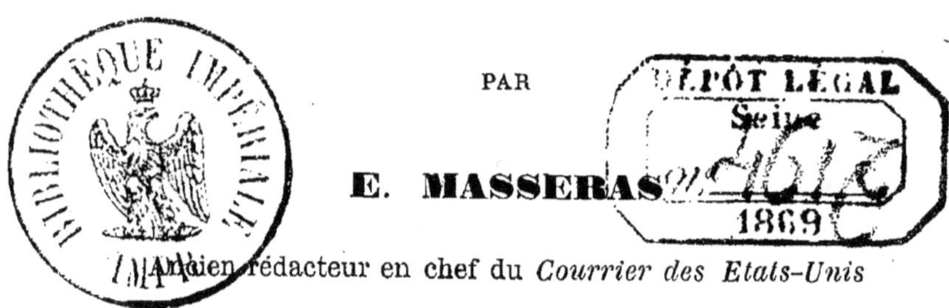

Prix : Un franc

PARIS

LIBRAIRIE INTERNATIONALE

15, BOULEVARD MONTMARTRE

A. LACROIX, VERBOECKHOVEN ET Cᶜ, ÉDITEURS

A Bruxelles à Leipzig et à Livourne

1869

Mêlé pendant quinze ans à la vie publique américaine, je viens d'assister en France au spectacle d'une bataille électorale qui évoque une comparaison pour ainsi dire forcée avec celles que j'ai eues tant de fois sous les yeux.

La marche, les péripéties et les surprises de cette bataille ; les conditions nouvelles dans lesquelles elle s'est livrée ; les armes et la tactique dont elle a servi à faire l'essai ; — tout rappelle presque trait pour trait la manière dont les choses se passent aux Etats-Unis.

La France est, par le fait, entrée de plain-pied dans le domaine des mœurs républicaines, qu'elle n'avait jamais connues que de nom, même aux jours de ses éphémères gouvernements républicains.

Comment s'est-elle tirée de cette première excursion sur un terrain si nouveau pour elle

Que faut-il en augurer pour l'avenir ?

Sous quel jour convient-il d'envisager la situation politique, sociale et morale, révélée par les divers incidents de la campagne qui vient de finir?

Que doit-on espérer, que peut-on craindre de la phase nouvelle dont les élections du 23 mai deviennent le point de départ?

Il m'a paru qu'une rapide étude de ces questions, entreprise d'un point de vue entièrement désintéressé, éclairée par la comparaison, pouvait non-seulement avoir un intérêt d'actualité, mais conduire à d'utiles conclusions et faire jaillir des vérités opportunes.

De là, ces notes rédigées à la hâte, en dehors de tout esprit de parti et de toute prévention, sous la seule impression de ce que je viens de voir en France, rapproché de ce que j'ai vu en Amérique.

E. MASSERAS.

I

J'entends récriminer autour de moi contre le suffrage universel.

Hier, c'était la démocratie des villes qui se plaignait de la passive docilité de la population des campagnes à suivre en matière électorale le bon plaisir du gouvernement. Aujourd'hui, ce sont les conservateurs qui se lamentent sur l'aveugle facilité avec laquelle les classes ouvrières subissent l'influence et acceptent le mot d'ordre de quelques fougueux agitateurs. Là, on accuse le suffrage universel d'avoir sanctionné le coup d'Etat et fondé l'Empire ; ici, on n'est pas éloigné de le prendre à partie, comme coupable de frayer les voies à la Révolution.

Aucun de ces reproches ne porte juste et tous sont également imprudents, car ils risquent de mettre en suspicion, dans l'esprit du peuple lui-même, le principe fondamental et vital de notre nouvelle société politique. Ils tendent à susciter un de ces désirs maladifs de modifications intempestives auxquels nous sommes malheureusement trop enclins.

Le suffrage universel a un mérite essentiel et décisif en sa faveur : c'est d'être le dernier mot de la liberté en matière électorale, de ne laisser rien à souhaiter, rien à conquérir après lui. Sachons nous y tenir. Assez d'autres problèmes nous restent à résoudre ; gardons-nous du moins de remettre en discussion ceux que nous avons eu le bonheur de trancher.

Il ne faut pas, d'ailleurs, s'arrêter à certaines apparences, ni accorder à de simples incidents la portée de faits caractéristiques. Sans contredit, le suffrage universel a ses côtés vulnérables : il prête à des abus ; il est accessible aux séductions et susceptible de se laisser influencer ou entraîner. Mais il présente une trop vaste surface, il se compose d'éléments trop divers, pour que la surprise ou la captation agissent sur lui dans son ensemble. Elles peuvent en effleurer la surface, elles sont impuissantes à en altérer le fond.

L'épreuve faite aux Etats-Unis est concluante sur ce point.

Il est de tradition en France d'admirer sur parole, sans examen et sans réserve, tout ce qui se passe de l'autre côté de l'Atlantique.

Aux yeux de l'immense majorité des démocrates français, ou pour mieux dire européens, la République américaine est un pays modèle, où la pratique des institutions est à la hauteur des plus sublimes théories. Le livre de M. de Tocqueville, écrit d'après un état de choses passé depuis longtemps dans le domaine des souvenirs, et les ouvrages plus récents de M. Laboulaye, brodés avec infiniment d'esprit, mais avec trop de fantaisie, sur un thème fait d'avance, sont les principaux points d'appui de cette croyance, qui n'est, hélas ! qu'un mirage.

Dans la prosaïque réalité, nulle part le jeu des institutions n'est plus faussé qu'aux Etats-Unis. Nulle part la pression gouvernementale et administrative, les considération matérielles d'intérêt local ou personnel, les manœuvres de toutes sortes et la question d'argent elle-même ne pèsent d'un poids aussi excessif sur le suffrage universel.

Il n'est pas un fonctionnaire ou un employé relevant du Trésor public qui soit libre de son vote. Outre qu'il sait d'avance sa position perdue si un nouveau parti arrive au pouvoir, ses supérieurs lui font payer, sans hésitation comme sans scrupule, d'une destitution immédiate la moindre velléité d'opposition au candidat de leur choix. On va plus loin : dans les luttes électorales de quelque importance, une retenue est opérée d'autorité sur tous les appointements pour subvenir aux frais de la campagne ; et l'on a vu, il y a quelques années, une partie du personnel de la douane new-yorkaise congédiée en bloc du jour au lendemain, pour avoir protesté contre cet impôt forcé.

Si le parti dominant en use de la sorte avec ceux qui sont en place, le parti qui aspire à le supplanter procède à coups de promesses et distribue par avance les emplois à ses adhérents. Des marchés en règle se concluent entre le candidat et les manœuvriers politiques qui mettent leur influence à son service. Il n'y a pas un poste qui ne soit donné pour le lendemain de la victoire, et plutôt trois fois qu'une. Ainsi s'explique le remue-ménage général qui suit invariablement toute élection, sans le moindre souci des intérêts publics. Ce trafic est même si bien passé en chose reçue, que l'argot politique a créé une locution spéciale pour le désigner. La distribution des places entre les vainqueurs du scrutin s'appelle ouvertement « le partage des dépouilles. »

Pour la presse, il y a les subventions déguisées sous forme d'annonces officielles, dont le revenu atteint parfois un chiffre colossal ; pour les industriels et les négociants, les commandes et les fournitures ; pour les banquiers, le bénéfice résultant du maniement des fonds du Trésor. La rémunération de la collaboration électorale prend en un mot toutes les formes, jusqu'à ce que, arrivant aux degrés les plus humbles de l'échelle sociale, elle revêt la forme brutale d'une rétribution pécuniaire.

Il va de soi que chacun des soumissionnaires dans cette espèce d'adjudication politique devient un courtier de votes, opérant à son tour vis-à-vis de son entourage, à l'aide des mêmes moyens, si bien que, de proche en proche, la lice du suffrage universel se trouve convertie en une sorte de champ de foire où les voix s'achètent, s'hypothèquent et s'escomptent, — le tout sans la moindre vergogne ni le moindre mystère, au su et au vu de tout le monde.

Dire que, de cet immense et avilissant marchandage, il ne sort pas çà et là des élections faussées serait nier l'évidence ; mais il est loin de donner les résultats funestes auxquels on serait en droit de s'attendre. Sous la couche des manipulateurs politiques et des trafiquants de propagande, il y a la masse de la population qui échappe à cette pression multiple, à cette épidémie de vénalité. C'est la réserve tutélaire qui ne donne que dans les grands jours et sauve les situations critiques. Tant qu'elle demeure passive, retranchée dans l'indifférence et l'abstention, les politiqueurs sont maîtres du terrain ; mais que, sollicitée par les circontances, elle reprenne le rôle qui lui appartient, tous les calculs des habiles sont déjoués, et la majorité vraie se reforme comme par enchantement.

En France, Dieu merci, nous n'en arriverons jamais à l'état de choses que je viens de décrire. Nous avons pour nous en préserver des délicatesses de conscience, des traditions de pudeur publique et des instincts de dignité individuelle que la vie fiévreuse du négoce et la perpétuelle bataille des affaires d'argent a émoussés, il faut bien le dire, chez une grande partie de la nation américaine.

Chez nous, l'indépendance du suffrage universel n'aura à se défendre que contre l'exagération de nos habitudes hiérarchiques et contre ces dominations morales qui existeront toujours et partout, aussi longtemps qu'il y aura des intelligences et des fortunes supérieures les unes aux autres, des forts et des faibles, des caractères énergiques et des natures indécises, — c'est-à-dire aussi longtemps que le monde sera monde.

Pourquoi donc redouter que la sincérité et la force natives du vote populaire, qui résistent victorieusement à tant de causes de corruption aux États-Unis, ne se conservent pas intactes ici, où elles sont loin d'être en butte aux mêmes dangers ?

Au lieu de tenir le suffrage universel en suspicion, au lieu de protester contre ses arrêts le jour où ils contrarient nos idées, habituons-nous à voir en lui le meilleur arbitre, le seul possible même, de toutes les questions qui intéressent l'avenir et le progrès du pays. Sachons surtout respecter ses décisions, en interroger le sens et en suivre les indications, comme l'expression directe de la volonté, des aspirations, des besoins de la nation.

C'est l'unique moyen de substituer le fonctionnement régulier d'institutions à la fois stables et libres, **aux secousses périodiques de la révolution.**

II

Plus un vote se présente avec un caractère accusé, plus il éclate avec une sorte de violence, plus il tranche sur les votes qui l'ont précédé, plus enfin il accuse de véhémence et d'élan chez la masse des électeurs, — plus il importe de l'interroger consciencieusement, sans alarmes comme sans illusions, en se gardant bien de le voir à travers le prisme des craintes ou des espérances que l'on peut soi-même entretenir.

Le vote du 23 mai est de ceux-là.

Mais avant d'en rechercher la signification, et pour la pénétrer plus sûrement, il convient d'embrasser d'un rapide coup d'œil la physionomie de la campagne élecorale qui l'a précédé, préparé, déterminé.

Deux grandes innovations ont dominé cette campagne et lui ont imprimé une allure entièrement nouvelle en France.

D'une part le nouveau régime de la presse ;

De l'autre, le droit de réunion.

C'est-à-dire la liberté de la plume et la liberté de la parole.

De ces deux libertés, la première était contenue dans d'étroites limites depuis dix-sept ans ; la seconde n'avait jamais existé ni de droit ni en fait ; à peine avait-elle apparu un moment au milieu de nos orages révolutionnaires, pour dégénérer aussitôt en licence et laisser après elle des souvenirs où le sinistre s'alliait au grotesque. Le rôle que viennent de jouer l'une et l'autre est donc bien réellement une nouveauté dans notre histoire politique.

L'opposition, il est vrai, n'a pas cessé de les réclamer comme si elles n'existaient pas ; mais c'était uniquement pour faire prendre le change au public et se donner le droit de crier à la tyrannie du silence.

En cela, elle était dans son rôle, puisque ses plaintes factices devenaient pour elle une arme de plus contre le gouvernement. Mais, à côté de ses récriminations stéréotypées, on a pu lire et entendre, pendant les vingt jours de lutte électorale, tout ce qu'il est possible d'entendre et de lire en fait de polémique et de discussion, on pourrait même ajouter en fait de divagation.

La vérité est que, pendant la période préparatoire des élections, la France a été en pleine possession de la liberté américaine, dans ce qu'elle a de plus large, de plus illimité.

Peut-être ceux qui s'étaient fait un autre idéal du spectacle que présentent les tournois politiques aux Etats-Unis auront-ils éprouvé quelque déception; en revanche, ceux qui réputaient impossible l'acclimatation de ces mœurs exotiques sous notre ciel ont pu reconnaître qu'on s'était exagéré les difficultés et les dangers de la tentative.

Je n'éprouve nul embarras à avouer que j'étais du nombre des défiants.

Témoin à plus d'une reprise de la facilité avec laquelle dégénère en désordre l'effervescence enfantée par les excitations de la tribune populaire, les premiers essais du droit de réunion en France m'apparaissaient comme une périlleuse épreuve. Le risque de les voir aboutir à des scènes de violence était d'autant plus grand que notre tempérament national est d'une toute autre trempe que celui du peuple américain.

Chez ce dernier, la passion politique, même lorsqu'elle semble le plus intense, n'est guère que superficielle et a toujours pour correctif la préoccupation des affaires commerciales. Nous avons, nous, le défaut ou la qualité, — comme on voudra, — de ne savoir pas prendre les choses à demi. Nous apportons dans la discussion une ardeur impatiente qui nous rend aussi mauvais auditeurs que contradicteurs fougueux ; l'Américain, au contraire, sait écouter et se taire comme personne au monde. Enfin le mélange de scepticisme railleur et de facile emportement qui fait le fond de notre caractère, nos exigences en matière de ménagements de langage et notre susceptibilité en fait de point d'honneur, se présentaient, dans la comparaison, comme autant d'obstacles à la possibilité de nous approprier avec succès les mœurs publiques américaines.

L'expérience a donné le plus heureux démenti à ces appréhensions.

Pendant les quinze ou vingt jours accordés par la loi aux réunions publiques électorales, il en a été tenu plus de deux cents à Paris, et probablement deux à trois mille dans toute la France. Ce qu'ont été certaines d'entre elles, personne ne l'ignore, car c'est précisément de celles-là qu'on s'est presque exclusivement occupé. La fougue passionnée des orateurs de la démocratie, du socialisme, de la révolution même, s'y est donné libre carrière ; des centaines, des milliers d'auditeurs les ont applaudis et acclamés ; nulle attaque, nulle invective n'a été épargnée à l'empire, aux hommes et aux choses qui s'y rattachent, — et cette provocation permanente n'a pas causé un seul instant d'inquiétude sérieuse pour la paix publique !

A Paris seulement, deux ou trois soirées marquées par des scènes de turbulence plutôt que de désordre sont venues trancher sur le calme général. Mais ces incidents ne sauraient être, en bonne justice, spécialement imputés aux réunions publiques, qui avaient commencé et suivaient leur cours sans produire le moindre contre-coup dans la rue, lorsqu'un fait purement fortuit vint se jeter à la traverse. Même dans cette soirée du Châtelet, qui devint le point de départ des turbulences passagères du 13 et du 14 mai, l'origine du tumulte fut dans la rue et non pas dans la salle. C'est également la foule du dehors qui, seule, prit part aux scènes des jours suivants. Dans aucun de ces épisodes, le désordre extérieur n'a été le fait des assistants d'une réunion ou la réponse à un appel des orateurs du moment.

Tout au plus serait-on fondé à alléguer que les réunions ont été, en fait, l'occasion des rassemblements d'où sont venus ces commencements de désordre et que l'exaltation semée par certains discours a pu avoir sa part d'influence sur les manifestations de la voie publique. Mais l'histoire du règne de Louis-Philippe est là pour prouver que les attroupements n'ont besoin ni de prétexte ni de cause déterminante pour se former, grossir et dégénérer en émeute. Ils sont une conséquence en quelque sorte spontanée de toute fièvre politique ; et peut-être, au lieu d'accuser le droit de réunion des troubles accidentels qui l'ont accompagné, serait-il plus juste de le considérer comme ayant servi de dérivatif à l'agitation de la foule, en lui ouvrant pour la première fois une issue normale.

A un autre point de vue, l'insignifiance des incidents qui ont surgi, la promptitude et la facilité avec lesquelles on y a coupé court, le peu d'écho qu'ils ont éveillé, le peu d'émotion qu'ils ont causé, le peu de traces surtout qu'ils ont laissé, — tout cela ne démontre-il pas de la façon la plus victorieuse et la plus rassurante la transformation radicale des habitudes populaires, en même temps que la force du gouvernement ?

Quels conflits n'eussent pas provoqués, en d'autres temps, ces agitations que nous venons de voir mourir en quelque sorte dans la même heure qui les avait vu naître !

Le progrès des mœurs publiques s'est accusé d'une manière plus inespérée encore, dans les rapports momentanés qui se sont établis entre le public et les candidats. On a fait grand bruit de quatre ou cinq actes d'intolérance de la part des auditeurs envers certains orateurs. Ce sont là des cas regrettables assurément, puisqu'ils sont une atteinte et un démenti au principe de la liberté. Mais, outre qu'ils ont été la très-rare exception, croit-on pouvoir exiger d'une foule groupée par le hasard, en proie aux impressions les plus vives et les plus diverses, un calme et une égalité d'humeur que les assemblées législatives elles-mêmes ne savent pas toujours conserver? Si quelques voix ont été étouffées dans les réunions publiques, sous des cris d'impatience ou d'hostilité, les procès-verbaux parlementaires n'ont-ils pas leurs séances où les interruptions et les couteaux à papier jouent un rôle plus bruyant que respectueux pour la liberté de la tribune?

Il ne faut pas d'ailleurs se bercer de l'illusion que l'exercice du droit de réunion puisse être exempt de tout inconvénient, pur de tout excès. Ce serait rêver une perfection à laquelle n'ont pu arriver ni l'Angleterre ni les Etats-Unis, malgré leur longue pratique de ces mœurs où nous sommes encore si novices. Dans l'un comme dans l'autre de ces pays, il n'est point de campagne électorale qui n'ait ses heures de violence ; il en est peu qui se terminent sans morts et sans blessés. Nos débuts ont donc été, à tout prendre, singulièrement heureux, puisque nous avons pu faire l'expérience de la liberté la plus enviée par la démocratie européenne aux Anglais et aux Américains, sans avoir à déplorer les effets sanglants dont ces peuples eux-mêmes n'ont pas eu le privilége de s'affranchir.

Il y a plus : nous avons atteint du premier bond un résultat réputé jusqu'ici irréalisable.

L'année dernière encore, à propos d'un meeting qui avait fini en bagarre, les journaux de Londres posaient en principe qu'une réunion publique n'est possible qu'à la condition d'une entière conformité d'opinions entre les orateurs et l'auditoire, aussi bien que dans l'auditoire lui-même. Ce principe est également passé en axiome aux Etats-Unis, et personne ne songerait à y convoquer un meeting sans avoir au préalable réglé les moindres détails, choisi des orateurs d'une nuance donnée et préparé surtout une assemblée à la fois homogène et docile. L'imprévu, en un mot, est exclu du programme des réunions publiques américaines ou anglaises, et lorsque, malgré les précautions prises, il vient à y jouer un rôle, le dénouement à peu près infaillible est une échauffourée.

Ce que les deux peuples qu'on pourrait appeler les vétérans du droit de réunion déclaraient impossible, la France vient de leur en donner le spectacle inattendu. Non-seulement les candidats ont eu à s'expliquer devant un public mixte, inconnu pour eux et souvent renouvelé, mais il leur a fallu répondre à mille questions posées à l'improviste par les assistants. Mieux encore : on a pu voir des rivaux, des adversaires politiques comparaître côte à côte devant les électeurs dont ils sollicitaient concurremment les suffrages, et développer à tour de rôle, dans la même séance, des professions de foi diamétralement opposées l'une à l'autre.

Et cela s'est vu dans les départements encore plus qu'à Paris.

Des populations qui avaient à peine, le mois dernier encore, une notion vague du droit de réunion, et qui savent le pratiquer ainsi ; qui arrivent d'emblée jusqu'aux dernières limites de la libre discussion et qui dépassent du premier pas les nations qu'on leur donnait en exemple, — ces populations ont désormais fait leurs preuves de sens politique et de puissance sur elles-mêmes. Il peut arriver qu'elles se trompent ou qu'on les égare, mais ce ne sera plus qu'accidentellement et sur des points secondaires : elles ont l'âge de liberté.

III

Il y aurait encore plus d'un trait intéressant ou piquant à relever dans la physionomie des réunions publiques, car elles ont abondé en surprises de plus d'un genre. Mais mon but n'est pas d'en faire ici la monographie.

J'ai rapidement indiqué ce qu'il y a eu de remarquable dans la manière dont elles ont fonctionné. Reste à déterminer quel a été leur rôle véritable et quelle part d'influence elles ont eue dans la campagne électorale.

Sur ce terrain tout nouveau, l'avantage devait être dès l'abord pour les audacieux. Ils s'y sont jetés tête baissée, déjouant par leur ardeur emportée toutes les combinaisons de la tactique qui avait jusqu'ici présidé aux élections. Les expérimentés de la politique en étaient encore à dresser leurs batteries, que déjà leurs adversaires étaient au cœur de la position. Quand ils sont revenus de leur première surprise, il était trop tard. Beaucoup d'entre eux d'ailleurs n'ont réellement compris qu'après le dénoûment l'influence décisive du contact établi par les réunions publiques entre le candidat et ses électeurs; ils ont persisté jusqu'au bout dans la tranquille propagande d'autrefois. Aussi plus d'un a-t-il payé de sa défaite, au jour du scrutin, la faute de n'avoir pas deviné à temps la révolution qui était en train de s'accomplir dans nos mœurs et notre stratégie politiques.

Sous ce rapport, on ne peut nier que la surprise ait eu sa part dans certaines victoires.

Il est également incontestable que, dans la véhémente polémique qui s'est engagée sur toute la ligne entre la presse conservatrice et les organes de l'opposition « irréconciliable, » ces derniers ont eu pour eux l'avantage que l'agressive aura toujours sur la défensive.

Ceux qui attribuent en partie aux libertés nouvelles la manière dont les choses ont tourné, ne sont donc point absolument dans le faux. Mais ils commettent la plus étrange des erreurs en déduisant de là que les élections eussent été meilleures pour l'empire, si elles s'étaient faites sous le régime de l'ancienne législation et des anciennes habitudes.

Sans doute, quelques candidats eussent été nommés qui ne l'ont pas été; peut-être même l'opposition radicale, qui va faire son entrée au Corps législatif dans la personne de MM. Bancel et Gambetta, n'aurait-elle pas remporté le 23 mai d'aussi éclatants triomphes. Mais la modification, d'ailleurs insignifiante, que l'on aurait obtenue dans les résultats matériels aurait-elle modifié l'état de l'esprit public et changé quoi que ce soit au fond de situation? Il faudrait être aveugle pour le prétendre.

Ni les discours ni les polémiques n'ont, en temps normal, le pouvoir d'improviser un courant d'opinion pareil à celui que nous venons de voir à l'œuvre. Il peut arriver qu'un orateur véhément enflamme son auditoire, qu'un écrivain à l'emporte-pièce passionne ses lecteurs; mais là s'arrête l'influence directe de l'un et de l'autre; leur parole meurt sans écho si elle n'a que sa force propre. Quand elle remue les masses, c'est qu'elle traduit leurs sentiments et leurs idées.

Ce qui a fait la force des candidats radicaux, ce n'est point leur facile succès oratoire devant quelques centaines d'adhérents acquis d'avance à leur cause; c'est le fait qu'ils ont apparu à une partie de la population comme la personnification de ses ressentiments ou de ses espérances.

Ne les eût-elle pas élus, ne les eût-elle pas rencontrés, espérances et ressentiments n'en eussent pas moins été les mêmes.

Qu'on n'accuse donc pas les réunions publiques d'avoir créé la situation morale d'où est sorti le scrutin du

23 mai ; elles n'ont fait que la révéler. Sans elles,
peut-être, telle ou telle personnalité fût-elle restée dans
l'ombre, cela est vrai ; mais encore une fois qu'y aurait-
on gagné? Le puéril et dangereux plaisir de pouvoir
fermer les yeux, quelque temps encore, à la tendance
réelle des esprits. Or, est-il besoin de rappeler à quoi
mènent, en fin de compte, ces complaisantes illusions,
et quelles redoutables surprises prépare le silence de
l'opinion publique, lorsqu'on la force trop longtemps à
se concentrer en elle-même?

Que le bouillonnement des idées avait commencé bien
avant l'effervescence suscitée par les réunions publiques,
il suffit de se reporter à quelques mois en arrière pour
en rencontrer les indices les moins équivoques.

Le premier de tous fut le mouvement déterminé dans
la presse par la loi du 11 mai 1868. Attendue avec une
impatience qu'avaient encore aiguisée les alternatives
de la discussion au Corps législatif, cette loi produisit
dans la sphère du journalisme un changement à vue
analogue à celui que détermine le signal du départ sur
un champ de courses. Des centaines de journaux enva-
hirent d'un même élan l'arène de la publicité qui venait
de leur être rouverte, se disputant le privilége d'y conquérir une place. Le fait était naturel et prévu. Ce qui
l'était moins, ce fut l'absence à peu près complète de
champions du parti conservateur dans cette espèce de
steeple-chase politique. Parmi ces concurrents si nom-
breux, à peine en pouvait-on distinguer deux ou trois
qui ne portassent pas les couleurs plus ou moins foncées
de l'opposition.

Chose plus digne encore de remarque, la plupart de
ces publications, qui n'étaient guère au début que des
tentatives improvisées, ont réussi à s'établir.

Or, le degré d'influence réelle que possède et exerce
la presse sur l'esprit public peut être difficile à calculer ;
mais ce qui est d'une précision presque mathématique,

c'est le rapport direct qui existe entre l'état de l'opinion et la prospérité des journaux dont la polémique y répond le mieux.

A ce premier symptôme ne tardait pas à venir s'en joindre un autre, non moins significatif et mieux fait encore pour déterminer le caractère de la phase nouvelle dans laquelle on entrait. Le département du Jura envoyait M. Grévy à la Chambre.

Bientôt après, c'était le département du Var qui offrait à la démocratie l'occasion de répudier hautement l'alliance avec les partis mitoyens, dans la personne de M. Dufaure.

Enfin, une troisième élection, celle de la Nièvre, mettait la question du serment à l'ordre du jour parmi les hommes de 1848, et la plupart d'entre eux s'accordaient à la résoudre dans un sens affirmatif, sans déguiser d'ailleurs qu'ils y voyaient non pas un acte d'adhésion au régime impérial, mais une formalité de pure convention, à laquelle force était de se soumettre pour recommencer l'ancien combat.

Ainsi, dès l'automne dernier, la situation se dessinait aussi clairement que possible. Tout y était : la presse hostile, les électeurs hésitants, la démocratie radicale se proclamant assez forte pour se passer d'alliés, ses chefs décidant que l'heure de l'action avait sonné et donnant le signal d'engager à nouveau la bataille.

A mesure que s'est rapprochée l'heure fixée pour l'ouverture de la campagne électorale, on a pu voir que ce signal n'avait pas été donné en vain. L'un après l'autre, les hommes qui s'étaient renfermés dans l'abstention depuis 1852 reparaissaient pour poser leurs candidatures et reformer les rangs de leurs anciens adhérents. Quelques-uns annonçaient, à la vérité, qu'ils rentraient en lice sous la bannière du progrès pacifique, non sous le drapeau de la révolution. Mais c'était le petit nombre. La plupart d'entre eux ne cachaient point qu'ils entendaient rester la personnification du passé auquel ils avaient appartenu, et qu'ils venaient déclarer une guerre ouverte au présent. Quant à l'avenir, bien qu'ils ne s'expliquassent pas encore d'une manière aussi ouverte qu'on l'a fait dans ces derniers temps, il n'y avait guère à se tromper sur ce qu'ils rêvaient, ni sur les couleurs qu'ils se proposaient d'arborer à la première occasion.

Telle était la physionomie du terrain électoral, quand s'est ouverte la période des réunions publiques. Il est donc exact de dire qu'elles ont trouvé une situation toute faite, dont l'origine remontait déjà loin, et dans laquelle elles ne pouvaient plus être qu'un incident. C'est en effet le rôle qu'elles ont joué ; elles n'en ont pas eu d'autre. Seulement, elles ont mis en relief et en pleine lumière ce qui était à l'état de contours vagues noyés dans la pénombre. Est-ce un reproche à leur faire ? Il me semble plutôt qu'on devrait leur savoir gré du service qu'elles ont rendu en portant le grand jour sur tous les points du champ de bataille.

Ici, l'on se trouve ramené à la conclusion que j'ai déjà indiquée plus haut.

Loin de voir un sujet d'appréhension ou de regret dans les résultats qu'a donnés cette première épreuve des grandes libertés, il serait plus juste et plus vrai d'y voir un fait tutélaire et d'en tirer ce grand enseignement : que, pour éclairer la marche d'un peuple, pour signaler en temps utile les écueils à ceux qui le gouvernent, le phare le plus sûr est encore la liberté.

IV

On sera tenté, je le prévois, de m'accuser de parti pris en faveur du droit de réunion. Il n'en est rien.

Si je m'efforce d'écarter des réunions publiques une responsabilité qu'on est trop porté à faire peser sur elles et qui, selon moi, ne leur incombe pas, c'est que le point essentiel à l'heure actuelle me paraît être de dégager les élections du 23 mai de toute interprétation factice.

Il y a deux erreurs que l'on est bien près de commettre : la première consiste à accorder une importance trop exclusive aux résultats de Paris ; la seconde à rattacher beaucoup trop intimement ces résultats eux-mêmes à ce qui s'est passé dans les assemblées populaires.

J'espère avoir établi que cette dernière prévention porte à faux. S'il était pourtant besoin d'une preuve de plus, pour démontrer que les côtés réellement graves et les causes déterminantes de la situation actuelle n'ont rien eu à voir avec les réunions publiques, je pourrais évoquer le souvenir des manifestations Baudin, aux mois de novembre et de décembre 1868. A cette époque, le droit de réunion était à l'état de projet à peine entrevu et plus qu'hypothétique. Il ne saurait être accusé ou soupçonné d'avoir exercé la moindre influence sur ce qui se passa alors au cimetière Montmartre, non plus que sur l'espèce d'alerte qui en fut la suite. Cependant, quel incident de date récente pourrait-on citer qui ait eu autant de signification et autant de retentissement ?

C'est précisément à cet épisode qu'il faut remonter pour avoir le secret de la popularité soudaine et de l'élection triomphante de M. Gambetta. Sans le fougueux plaidoyer qui, à cette occasion, appela sur lui l'attention publique et le désigna au choix des démocrates radicaux,

il est pour le moins douteux que M. Gambetta fût devenu
ce qu'il est aujourd'hui.

Voilà donc tout d'abord un des héros du jour qui a dû
fort peu de chose aux réunions publiques.

Peut-être serait-il aisé de prouver que M. Bancel leur
doit, lui aussi, moins qu'on ne le croit, et que l'éclat de
sa victoire, sinon sa victoire elle-même, a tenu en grande
partie au fait d'avoir eu pour concurrent un homme mo-
mentanément impopulaire, en butte à des défiances im-
méritées, mais nonobstant très âpres et très tenaces.

Ces détails personnels ne sauraient toutefois avoir ici
qu'un intérêt : celui de faire entrevoir en passant quel
rôle joue le plus souvent, dans les choix et les engoue-
ments populaires, telle ou telle circonstance parfois purement accessoire ou accidentelle. Aussi est-ce pour
cette raison que nulle élection locale — la localité s'ap-
pelât-elle Paris — ne doit être envisagée d'une façon
détachée. Seule, l'étude collective du bilan général
d'un scrutin peut donner la clef et le mot d'une situation.

A n'envisager en effet que les élections parisiennes,
on est invinciblement entraîné, soit à s'exagérer l'état des
esprits dans la France entière, en jugeant de l'ensemble
d'après cette donnée unique ; soit, au contraire, à se dis-
simuler à soi-même une partie de la vérité, en se per-
suadant que la population parisienne a fait un coup de
tête de sa façon, avec lequel le reste du pays n'a rien à
démêler.

C'est à ce double écueil que je faisais allusion tout à
l'heure, en parlant d'interprétations factices. Dangereu-
ses toujours, elles le seraient ici plus que jamais.

La voix de Paris acclamant la révolution est elle la
voix de la France ? Assurément non, et le vote des popu
lations départementales le prouve de reste. Il n'y a donc
pas lieu de voir le drapeau rouge arboré, parce que Paris a donné 250,000 votes aux candidats de l'opposition

et nommé deux champions déclarés des doctrines révolutionnaires

Mais, d'un autre côté, Paris n'est pas resté absolument seul dans cette manifestation soudaine qui semble donner le baptême du suffrage universel au parti des « irréconciliables. » Plusieurs grandes villes s'y sont associées ; des minorités plus ou moins considérables se sont révélées dans le même sens chez la plupart des populations urbaines. C'est un symptôme sérieux, qui ne permet plus de passer outre dans une insouciante indifférence.

Le jugement à porter sur cette espèce d'explosion deviendrait même assez embarrassant si, en face des votes extrêmes de la démocratie radicale, on n'avait que les votes diamétralement opposés d'un parti de résistance et de réaction. Alors, véritablement, le conflit serait à craindre, car on se trouverait entre deux cris de guerre, poussés par deux camps animés l'un contre l'autre d'une même animosité et vraiment « irréconciliables. » Heureusement, au centre du champ de bataille, qui n'est, Dieu merci, jusqu'à présent qu'un champ d'évolutions, il s'est formé une courageuse et solide phalange, dont la bannière indépendante n'arbore que les couleurs de la France, avec ces trois mots pour devise : « Progrès sans révolution. »

La spontanéité avec laquelle s'est constitué ce corps indépendant, la rapidité avec laquelle ses rangs ont grossi, l'ascendant visible qu'il exerce déjà, permettraient presque de dire qu'il est sorti tout armé du sein de la volonté nationale. C'est donc en lui qu'on est autorisé à voir la personnification des idées nouvelles du pays, de ses vœux et de ses aspirations.

Le cri révolutionnaire, parti de Paris et répercuté çà et là, doit surtout sa force apparente à l'habileté avec laquelle ceux qui le poussaient ont su mêler leur voix à celle du nouveau parti occupé à s'organiser. Profitant du

moment où la nation modifiait son mot d'ordre, les radicaux ont essayé de substituer le leur à celui qu'elle était
en train d'adopter, avec l'espoir de l'entraîner plus loin
qu'elle ne voulait aller. Ils ont en partie réussi et donné
le change, au moins pour un moment et dans un certain
rayon. C'est ainsi que s'expliquent et leur succès relatif
et le premier effet qu'il a produit.

Il y a eu, dans tout cela, ce qu'on pourrait appeler une
double illusion d'optique. D'abord, des détachements
considérables du corps électoral, encore mal fixés sur
leur nouveau centre de ralliement, se sont laissé attirer
par une lumière trompeuse et ont donné beaucoup plus
à gauche qu'ils ne le croyaient. En second lieu, le chiffre des votes obtenus par la démocratie radicale, con-
fondu avec l'ensemble des suffrages émis en faveur des
candidats progressistes, a paru de prime abord faire
masse avec eux, et a pris ainsi des proportions fantas-
tiques.

Déjà le mirage s'affaiblit; il achèvera de se dissiper
pour laisser la situation apparaître dans sa réalité.

On reconnaîtra alors que les hommes du nouveau
mouvement national n'appartiennent pas plus à l'extrême gauche qu'à l'extrême droite, et que le résultat
fondamental des élections est la constitution d'un grand
parti progressiste, aussi éloigné de l'immobilité des
vieilles notions conservatrices que des procédés révolutionnaires.

A côté, ou, pour mieux dire, en face de ce grand parti,
passé dès à présent à l'état de majorité quelles que
soient les apparences, se rangera une minorité fou-
gueuse, unie au début dans une pensée d'hostilité com-
mune contre le régime existant, mais bientôt divisée et
sur les moyens à employer et sur le but à atteindre. Elle
se compose, en effet, de deux éléments absolument dis-
tincts, qui ne tarderont pas à se désagréger : l'élément
politique et l'élément socialiste.

Le premier est fatalement condamné ou à se fondre dans la phalange progressiste, ou à s'annihiler dans un stérile isolement, au bout duquel l'attendrait une fin semblable à celle que viennent de trouver les vieux partis dans l'urne électorale.

Il en est tout autrement de l'élément socialiste. Celui-là est un nouveau venu dans la lice parlementaire, auquel le suffrage universel a conféré le 23 mai ses premières lettres de créance. Il apporte avec lui la vitalité puissante de tout ce qui représente un principe et symbolise l'avenir. Il mérite que l'on compte avec lui ; mieux encore, il mérite qu'on lui fasse bon accueil, car son entrée au Corps législatif, si bruyamment qu'elle s'opère, est le premier pas vers la transition qui doit faire passer la grande question sociale du domaine de la lutte dans celui de la discussion.

V

La question sociale! — Voilà le vrai problème en face
duquel les élections qui viennent de s'accomplir mettent
à la fois et le gouvernement et le pays lui-même. Voilà
pourquoi tout ce qui personnifiait les controverses et les
errements de la vieille politique, monarchistes d'antan
et républicains d'autrefois, a été broyé dans la lutte électorale.

Si elle entre en scène en agitant le drapeau révolutionnaire, il ne faut ni s'en étonner ni s'en effrayer. Nous
sommes encore si près du temps où le mot de gouvernement était synonyme de réaction, qu'il est naturel de
voir toute idée de progrès ou de réforme se traduire,
pour les masses, par le mot de révolution. Mais ce re-
doutable cri de ralliement est de prime abord mitigé par
le seul fait que c'est au scrutin, et non plus à l'appel aux
armes, que le peuple demande une solution. La menace
accompagne encore le vote, cela est vrai; mais à mesure
que l'efficacité du vote lui sera démontrée, le peuple
perdra l'habitude de la menace, comme il commence à
perdre, à son propre insu, celle de la révolution.

C'est là le grand bienfait du suffrage universel, d'offrir
à la puissance populaire une arme pacifique qui lui fait
graduellement désapprendre le recours à la violence.

Seulement, pour que la transformation si heureusement commencée s'achève, pour que la tradition révolutionnaire disparaisse définitivement de nos mœurs, il
est une condition inévitable : c'est que satisfaction soit
donnée dans la limite du possible, sans vaine défiance
et sans résistance mesquine comme sans faux entraîne-
ment, aux aspirations légitimes qu'éveille la marche du
temps dans les différentes couches sociales.

Il y a là un grand rôle à remplir, et pour le nouveau parti progressiste dont l'avénement coïncide avec celui des premiers mandataires légaux du socialisme, et pour le gouvernement qui a déjà fait preuve dans cette voie de tant de clairvoyance et d'initiative. Un rôle plus grand encore s'offre aux classes supérieures, ou pour parler plus justement, aux classes déjà arrivées, sans le concours desquelles la solution graduelle du problème social est matériellement impossible.

Si un heureux accord, plus facile qu'on ne le pense, peut s'établir dans ce but ; si, au lieu de s'arrêter à l'amertume apparente des premiers fruits que vient de donner la liberté, on y voit ce qu'ils sont en effet, une promesse pour l'avenir ; si l'on sait comprendre que, loin de s'arrêter dans l'œuvre commencée, l'heure est venue d'abaisser, l'une après l'autre, les vieilles barrières légales et administratives qui font encore obstacle ; en un mot, si l'on passe par-dessus le sens apparent des élections du 23 mai, pour se pénétrer de leur pensée intime, loin de rouvrir l'ère des révolutions, elles peuvent devenir le point de départ de cette phase de calme progrès et de confiance réciproque, à côté de laquelle nous avons tant de fois passé, sans jamais savoir y entrer.

VI

Ce qui est dès à présent certain, c'est que la campagne électorale de 1869 est destinée à creuser une trace profonde, à occuper une page à part dans notre histoire politique.

Elle laisse après elle de grands enseignements et de grandes révélations.

Le suffrage universel en sort dégagé des accusations que l'on faisait entendre contre lui depuis dix-sept ans. Le résultat qu'il a donné cette fois démontre la spontanéité aussi bien que la loyauté des résultats antérieurs. Il acquiert par contre-coup une force nouvelle pour l'avenir : ceux qui acclament aujourd'hui l'arrêt prononcé en leur faveur ont perdu le droit de récuser désormais le juge.

Pour le gouvernement impérial, il en ressort implicitement une consécration nouvelle du vote populaire dans lequel il a son origine. C'est plus qu'une compensation au sacrifice partiel qu'il a dû faire du principe des candidatures officielles.

Il lui reste de plus l'honneur d'avoir inauguré en France une liberté électorale dont le privilége semblait jusqu'ici réservé aux seuls Etats-Unis, et l'honneur plus grand encore de ne s'être laissé arrêter, dans le cours de cette périlleuse épreuve, par aucun des incidents, par aucun des symptômes qui auraient jusqu'à certain point justifié la tentation de réagir.

Pour la première fois peut-être dans notre histoire, l'obligation de reconnaître le libéralisme et la loyauté du pouvoir s'impose à ses adversaires eux-mêmes, dans des conditions telles qu'ils ne sauraient s'y refuser sans patente injustice.

De son côté, la nation a donné un spectacle inattendu et conquis sa place au premier rang des peuples dignes d'exercer la liberté.

On a beaucoup prononcé, dans tout cela, le mot de révolution. Je crois que la véritable révolution est celle qui vient de s'accomplir dans nos procédés politiques. Ni le rôle du peuple, ni celui de la presse, ni celui des hommes publics, pas même celui des tribuns et des agitateurs qui maniaient jusqu'ici les masses, ne se retrouvent, au lendemain de cette campagne, ce qu'ils étaient le jour où elle a commencé.

Jamais rupture avec le passé ne fut aussi brusque, aussi nette, aussi radicale ; jamais le besoin et la résolution d'aborder les solutions de l'avenir n'éclatèrent d'une façon aussi impérieuse.

En sortant d'une réunion publique, j'ai entendu ce mot profond : « Il ne s'agit plus de jongler avec des phrases, il s'agit de manier des idées. » La situation nouvelle est tout entière dans ces deux lignes.

La marche que suivront les choses sur la pente où elles sont maintenant lancées, il n'est au pouvoir de personne de la prévoir. Mais qui se fût aventuré à prédire, il y a six ans, que telle serait — en 1869 — l'histoire d'une campagne électorale entreprise et poursuivie jusqu'au bout avec la liberté de la presse et le droit de réunion, n'eût assurément trouvé que des incrédules.

Après ce qui vient de se passer, qui oserait affirmer que la nouvelle période législative ne puisse nous préparer une surprise analogue pour 1875?

VII

Un de nos thèmes favoris est de nous déprécier nous-mêmes, en vantant à perte de vue la supériorité de la race anglo-saxonne sur la nôtre. Cette supériorité existe jusqu'à un certain point, mais elle se réduit à une affaire de tempérament. La force et le temps que nous dépensons en impatience fébrile, l'Anglais et son cousin d'Amérique l'emploient en tranquille persévérance. Ils marchent d'un pas calme et soutenu, tandis que nous piétinons sur place ou que nous courons en avant et en arrière. Ils savent vivre au jour le jour, prenant les choses comme elles viennent, et satisfaits d'en tirer le meilleur parti possible ; nous faisons volontiers fi du présent et le gaspillons tantôt en impuissants retours vers un passé irréparable, tantôt en élans désordonnés vers un avenir chimérique. Ils ont enfin la sagesse d'apprécier le bien qu'ils ont, tout en travaillant pour arriver au mieux ; nous commettons sans cesse la folie de nous forger un idéal, puis de n'en plus voir que les mauvais côtés le jour où notre bonne fortune nous permet d'y toucher.

Telle a du moins été jusqu'ici notre histoire. Nous venons de prouver aux autres et à nous-mêmes qu'il ne nous manque que de vouloir pour n'avoir rien à envier à personne en fait de progrès politique.

Sachons vouloir.

Paris, 1er juin 1869.

Paris. — Imprimerie Ch. Schiller, 10, rue du Faubourg-Montmartre.